# Capítulo 10
Datos

MW01706503

GO MATH!

¡VIVAN LAS MATEMÁTICAS!



Hecho en los Estados Unidos
Impreso en papel reciclado

Houghton Mifflin Harcourt

# GO MATH!

## ¡VIVAN LAS MATEMÁTICAS!

Printed in the U.S.A.

ISBN 978-0-544-67758-6

8 9 10 0928 24 23 22 21 20

4500794189 ^ B C D E F G

Estimados estudiantes y familiares:

Bienvenidos a **Go Math! ¡Vivan las matemáticas!** para 2do. grado. En este estimulante programa de matemáticas, encontrarán actividades prácticas y problemas de la vida diaria que tendrán que resolver. Y lo mejor de todo es que podrán escribir sus ideas y respuestas directamente en el libro. El hecho de que puedan escribir y dibujar en las páginas, les ayudará a percibir más detalladamente lo que están aprendiendo y las matemáticas serán fáciles de entender.

También deseamos compartir con ustedes algo muy importante: se ha usado papel reciclado en la impresión de este libro. Queremos que sepan que al participar en el programa **Go Math! ¡Vivan las matemáticas!** ustedes estarán ayudando a proteger el medio ambiente.

Atentamente,
Los autores

Hecho en los Estados Unidos
Impreso en papel reciclado

# GO MATH!

¡VIVAN LAS MATEMÁTICAS!

## Autores


**Juli K. Dixon, Ph.D.**
Professor, Mathematics Education
University of Central Florida
Orlando, Florida

**Edward B. Burger, Ph.D.**
President, Southwestern University
Georgetown, Texas

**Steven J. Leinwand**
Principal Research Analyst
American Institutes for Research (AIR)
Washington, D.C.


## Colaboradora


**Rena Petrello**
Professor, Mathematics
Moorpark College
Moorpark, California

**Matthew R. Larson, Ph.D.**
K-12 Curriculum Specialist for Mathematics
Lincoln Public Schools
Lincoln, Nebraska

**Martha E. Sandoval-Martinez**
Math Instructor
El Camino College
Torrance, California


## Consultores de English Language Learners


**Elizabeth Jiménez**
CEO, GEMAS Consulting
Professional Expert on English Learner Education
Bilingual Education and Dual Language
Pomona, California

# Medición y datos

## Área de atención

Estándares comunes **Área de atención** Usar unidades estándares de medida



APRENDE EN LÍNEA

¡Aprende en línea! Tus lecciones de matemáticas son interactivas. Usa *i*Tools, Modelos matemáticos animados y el Glosario multimedia entre otros.

### Presentación del Capítulo 10

En este capítulo, explorarás y descubrirás las respuestas a las siguientes **Preguntas esenciales**:

- ¿Cómo te ayudan las tablas de conteo, las pictografías y las gráficas de barras a resolver problemas?
- ¿Cómo se usan las marcas de conteo para anotar los datos de una encuesta?
- ¿Cómo se hace una pictografías?
- ¿Cómo sabes qué representan las barras de una gráfica de barras?

Entrenador personal en matemáticas
Evaluación e intervención en línea

PRACTICA MÁS CON EL
Entrenador personal en matemáticas

**Práctica y tarea**

Repaso de la lección y Repaso en espiral en cada lección

# Capítulo 10 Datos

**Piensa como matemático**

Observa los distintos tipos de globos.

¿De qué maneras podemos clasificar estos globos?

Nombre ____________________

# Muestra lo que sabes

Entrenador personal en matemáticas
Evaluación e intervención en línea

## Lee una pictografía

Usa la pictografía. (1.MD.C.4)

1. ¿Cuántos niños eligieron pera? ________ niños
2. Encierra en un círculo la fruta que eligieron más niños.

## Lee una tabla de conteo

Completa la tabla de conteo. (1.MD.C.4)

| Color que nos gusta | | Total |
|---|---|---|
| verde | III | |
| rojo | ~~IIII~~ I | |
| azul | ~~IIII~~ III | |

3. ¿Cuántos niños eligieron el rojo?

________ niños

4. ¿Qué color eligieron menos niños?

________________

## Operaciones de suma y resta

Escribe la suma o la diferencia. (1.OA.C.6)

5. $10 - 4 =$ ____
6. $4 + 5 =$ ____
7. $6 + 5 =$ ____
8. $9 - 3 =$ ____
9. $5 + 7 =$ ____
10. $11 - 3 =$ ____

Esta página es para verificar la comprensión de destrezas importantes que se necesitan para tener éxito en el Capítulo 10.

Nombre ______________________

## Desarrollo del vocabulario

**Palabras de repaso**
- marcas de conteo
- más que
- menos que

### Visualízalo

Dibuja **marcas de conteo** para mostrar cada número.

**marcas de conteo**

- 7
- 4
- 10
- 13

### Comprende el vocabulario

Escribe un número para completar el enunciado.

1. 10 manzanas es **más que** ______ manzanas.

2. 6 bananas es **menos que** ______ bananas.

3. ______ uvas es **más que** 6 uvas.

4. ______ naranjas es **menos que** 5 naranjas.



APRENDE EN LÍNEA
- Libro interactivo del estudiante
- Glosario multimedia

# Juego
# Formar decenas

**Materiales** • [cubo numerado] • 25 [cubos]
• bolsa pequeña

Juega con un compañero.

1. Coloca 25 [cubos] en una bolsa.
2. Lanza el [cubo numerado]. Toma ese número de [cubos] y ponlos en tu cuadro de diez. Túrnense.
3. Cuando tengas 10 [cubos] en tu cuadro de diez, haz una marca de conteo en la tabla de conteo. Luego coloca los 10 [cubos] de nuevo en la bolsa.
4. El primer jugador que haga 10 marcas de conteo es el ganador.

**Jugador 1**

| | | | | |
|---|---|---|---|---|
| | | | | |
| | | | | |

**Jugador 2**

| | | | | |
|---|---|---|---|---|
| | | | | |
| | | | | |

**Formar decenas**

| Jugador | Conteo |
|---|---|
| Jugador 1 | |
| Jugador 2 | |

# Vocabulario del Capítulo 10

| | |
|---|---|
| **clave**<br>key<br>9 | **comparar**<br>compare<br>11 |
| **datos**<br>data<br>17 | **dígito**<br>digit<br>21 |
| **encuesta**<br>survey<br>24 | **gráfica de barras**<br>bar graph<br>30 |
| **pictografía**<br>picture graph<br>50 | **suma**<br>sum<br>59 |

Usa estos símbolos cuando **compares**: >, <, =.

$241 > 234$

$123 < 128$

$247 = 247$

La **clave** indica cuántos representa cada dibujo.



0, 1, 2, 3, 4, 5, 6, 7, 8, y 9 son **dígitos**.



| Almuerzo favorito | |
|---|---|
| Almuerzo | Conteo |
| pizza | IIII |
| sándwich | ~~IIII~~ I |
| ensalada | III |
| pasta | ~~IIII~~ |

La información en esta tabla se llama **datos**.



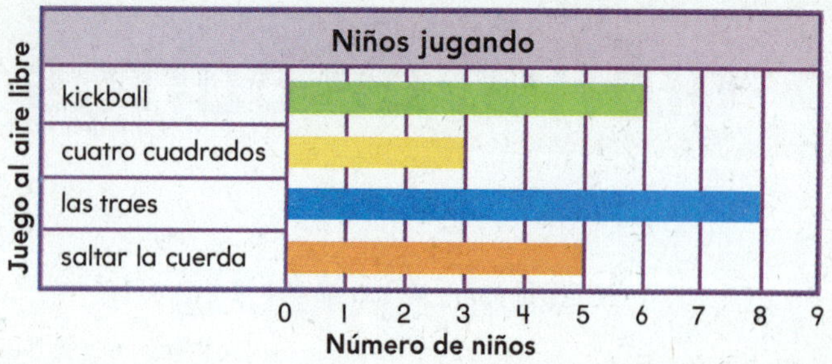




| Almuerzo favorito | |
|---|---|
| Almuerzo | Conteo |
| pizza | IIII |
| sándwich | ~~IIII~~ I |
| ensalada | III |
| pasta | ~~IIII~~ |

Una **encuesta** es una recopilación de datos usando las respuestas a una pregunta.



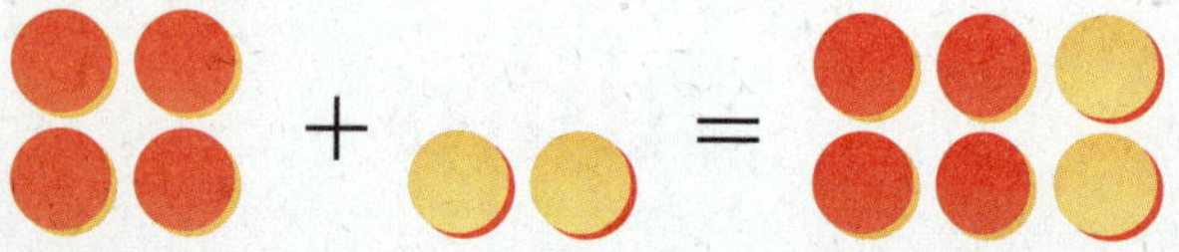

$4 + 2 = 6$

↑ suma



| Juguetes en el patio de recreo | |
|---|---|
| pelota de fútbol | ★ ★ ★ |
| cuerdas para saltar | ★ |
| pelota de sóftbol | ★ ★ |

Clave: Cada ★ representa 5 juguetes.

Una pictografía usa dibujos para mostrar datos.

# Dibújalo

**Recuadro de palabras**
- clave
- comparar
- datos
- dígito
- encuesta
- gráfica de barras
- pictografía
- suma

Jugadores: 3 a 4

## Materiales

- cronómetro
- bloc de dibujo

## Instrucciones

1. Elige una tarjeta de palabras del Recuadro de palabras. No se la digas a los demás jugadores.
2. Coloquen el cronómetro en 1 minuto.
3. Haz dibujos para dar pistas de la palabra. Haz solo dibujos y números.
4. El primer jugador que adivina la palabra obtiene 1 punto. Si el jugador puede usar la palabra en una oración, obtiene 1 punto.
5. El primer jugador en obtener 5 puntos es el ganador.

# Escríbelo

**Reflexiona**

**Elige una idea. Escribe acerca de la idea en el espacio de abajo.**

- Explica cómo aplicarías una encuesta y anotarías los datos.
- Di cuándo usarías una pictografía y una gráfica de barras.
- Escribe dos preguntas que tengas sobre el capítulo en el que estás trabajando.

Nombre ______________________________

# Reunir datos

**Pregunta esencial** ¿Cómo usas una tabla de conteo para anotar los datos de una encuesta?

*Estándares comunes* **Medición y datos—2.MD.D.10**
**PRÁCTICAS MATEMÁTICAS**
**MP3, MP4, MP6**

## Escucha y dibuja

Manos a la obra

Túrnense para sacar un cubo de la bolsa.
Dibuja una marca de conteo en la tabla por cada cubo.

**Color de los cubos**

| Color | Conteo |
| --- | --- |
| azul | |
| rojo | |
| verde | |

Charla matemática

PRÁCTICAS MATEMÁTICAS 4

**Usa diagramas** Explica cómo te ayudan las marcas de conteo a llevar la cuenta de lo que se ha sacado.

**NOTA A LA FAMILIA** • Su niño hizo marcas de conteo para anotar el color de los cubos que se sacaron de una bolsa. Esta actividad prepara a los niños para usar y anotar datos en este capítulo.

## Representa y dibuja

Puedes hacer una **encuesta** para reunir **datos**. Puedes anotar los datos con marcas de conteo.

Greg preguntó a sus compañeros cuál era su almuerzo preferido.

**Almuerzo preferido**

| Almuerzo | Conteo |
|---|---|
| pizza | IIII |
| sándwich | ~~IIII~~ I |
| ensalada | III |
| pasta | ~~IIII~~ |

Las marcas de conteo de la tabla de conteo muestran las respuestas de los niños. Cada marca de conteo representa la elección de un niño.

## Comparte y muestra

MATH BOARD

1. Haz una encuesta. Pregunta a 10 compañeros cuál es su mascota preferida. Usa marcas de conteo para mostrar las elecciones.

**Mascota preferida**

| Mascota | Conteo |
|---|---|
| gato | |
| perro | |
| pez | |
| ave | |

2. ¿Cuántos compañeros eligieron el perro?

_______ compañeros

3. ¿Qué mascota eligieron menos compañeros?

_______________

4. ¿Más compañeros eligieron el gato o el perro? _______________

¿Cuántos más? _______ compañeros más

Nombre ______________________________

## Por tu cuenta

5. Haz una encuesta. Pregunta a 10 compañeros cuál es su juego de salón preferido. Usa marcas de conteo para mostrar sus elecciones.

| Juego de salón preferido | |
|---|---|
| **Juego** | **Conteo** |
| de mesa | |
| de cartas | |
| de computadora | |
| rompecabezas | |

6. ¿Cuántos compañeros eligieron un juego de mesa?

_______ compañeros

7. ¿Qué juego eligieron más compañeros?

______________________

8. MÁS AL DETALLE ¿Más compañeros eligieron un juego de cartas o un juego de computadora?

______________________

¿Cuántos más? _______ compañeros más

9. ¿Qué juego eligieron menos compañeros?

______________________

10. PRÁCTICA MATEMÁTICA 3 **Aplica** ¿Cuántos compañeros no eligieron un juego de mesa ni un rompecabezas? **Explica** cómo lo sabes.

______________________________________________

______________________________________________

______________________________________________

______________________________________________

## Resolución de problemas • Aplicaciones En el mundo

ESCRIBE Matemáticas

**11.** PIENSA MÁS Maeko pidió a sus compañeros que eligieran su materia preferida. Hizo esta tabla de conteo.

| Materia preferida | |
|---|---|
| **Materia** | **Conteo** |
| lectura | 𝍸 \| |
| matemáticas | 𝍸 \|\|\|\| |
| ciencias | 𝍸 𝍸 |

¿Cuántos compañeros más eligieron matemáticas que lectura?

Matemáticas al instante

__________ compañeros más

Escribe una pregunta sobre los datos de la tabla. Luego escribe la respuesta a tu pregunta.

______________________________________________

______________________________________________

______________________________________________

**12.** PIENSA MÁS Rellena el círculo al lado de todos los enunciados que describen los datos de la tabla de conteo.

| Comida preferida | |
|---|---|
| **Comida** | **Conteo** |
| desayuno | 𝍸 \|\|\| |
| almuerzo | 𝍸 𝍸 |
| cena | 𝍸 𝍸 \|\| |

- ○ 10 niños votaron por el almuerzo.
- ○ 13 niños votaron por el desayuno.
- ○ Más niños votaron por la cena que por la comida.
- ○ Un total de 35 niños votaron por su comida preferida.

**ACTIVIDAD PARA LA CASA** • Con su niño, hagan una encuesta sobre juegos preferidos y hagan una tabla de conteo para mostrar los datos.

Nombre ______________________________

# Reunir datos

ESTÁNDARES COMUNES—2.MD.D.10
*Representan e interpretan datos.*

1. Haz una encuesta. Pregunta a 10 compañeros cómo llegan a la escuela. Usa marcas de conteo para mostrar sus respuestas.

| Cómo llegamos a la escuela | |
|---|---|
| **Manera** | **Conteo** |
| a pie | |
| en autobús | |
| en carro | |
| en bicicleta | |

2. ¿Cuántos compañeros toman el autobús a la escuela?

_____ compañeros

3. ¿Cuántos compañeros llegan en carro a la escuela?

_____ compañeros

4. ¿De qué manera llegan menos compañeros a la escuela?

______________________

5. ¿De qué manera llegan más compañeros a la escuela?

______________________

6. ESCRIBE Matemáticas Explica cómo harías una encuesta para averiguar el color de camisa favorito de tus compañeros.

______________________

## Repaso de la lección (2.MD.D.10)

**1.** Usa la tabla de conteo. ¿Qué color eligieron menos niños?

__________

| Color preferido | |
|---|---|
| **Color** | **Marca** |
| azul | \|\|\| |
| verde | ~~\|\|\|\|~~ \|\|\|\| |
| rojo | ~~\|\|\|\|~~ \|\| |
| amarillo | ~~\|\|\|\|~~ \| |

## Repaso en espiral (2.NBT.B.5, 2.MD.B.6, 2.MD.C.7, 2.MD.C.8)

**2.** ¿Cuántas monedas de 10¢ tienen el mismo valor que $1.00?

____ monedas

**3.** Jared tiene dos cuerdas. Cada cuerda mide 9 pulgadas de largo. ¿Cuántas pulgadas de cuerda tiene en total?

____ pulgadas

**4.** El reloj muestra la hora a la que Luisa se va a la escuela. ¿A qué hora se va a la escuela?

____ : ____

**5.** Liza terminó de estudiar a las 3 y media. ¿A qué hora terminó de estudiar Liza?

____ : ____

PRACTICA MÁS CON EL Entrenador personal en matemáticas

Nombre ______________________________



# Leer pictografías

**Pregunta esencial** ¿Cómo usas una pictografía para mostrar los datos?

Estándares comunes **Medición y datos—2.MD.D.10**

**PRÁCTICAS MATEMÁTICAS**
**MP1, MP2, MP4, MP6**

## Escucha y dibuja — En el mundo

Usa la tabla de conteo para resolver el problema. Escribe o haz un dibujo para mostrar lo que hiciste.

| Pasatiempo preferido | |
|---|---|
| **Pasatiempo** | **Conteo** |
| manualidades | 𝍸 \| |
| lectura | \|\|\|\| |
| música | 𝍸 |
| deportes | 𝍸 \|\| |

_______ niños más

**Charla matemática** PRÁCTICAS MATEMÁTICAS 2

**Usa el razonamiento**
¿Puede usarse la tabla para hallar cuántas niñas eligieron música? Explica.

**PARA EL MAESTRO** • Lea el siguiente problema. La clase del Sr. Martin hizo esta tabla de conteo. ¿Cuántos niños más de su clase eligieron deportes en lugar de lectura como su pasatiempo preferido?

## Representa y dibuja

Una **pictografía** muestra datos con dibujos.

| Número de juegos de fútbol | | | | | | | |
|---|---|---|---|---|---|---|---|
| Marzo | ⚽ | ⚽ | ⚽ | ⚽ | | | |
| Abril | ⚽ | ⚽ | ⚽ | | | | |
| Mayo | ⚽ | ⚽ | ⚽ | ⚽ | ⚽ | ⚽ | |
| Junio | ⚽ | ⚽ | ⚽ | ⚽ | ⚽ | ⚽ | ⚽ |

**Clave: Cada ⚽ representa 1 juego.**

Una **clave** muestra qué cantidad representa cada dibujo.

## Comparte y muestra

MATH BOARD

Usa la pictografía para responder las preguntas.

| Refrigerio preferido | | | | | | | | | |
|---|---|---|---|---|---|---|---|---|---|
| *pretzels* | ☺ | ☺ | ☺ | ☺ | ☺ | ☺ | ☺ | ☺ | |
| uvas | ☺ | ☺ | ☺ | ☺ | ☺ | ☺ | ☺ | | |
| palomitas de maíz | ☺ | ☺ | ☺ | | | | | | |
| manzanas | ☺ | ☺ | ☺ | ☺ | ☺ | ☺ | | | |

**Clave: Cada ☺ representa 1 niño.**

1. ¿Qué refrigerio eligieron menos niños? ____________

2. ¿Cuántos niños más eligieron *pretzels* que manzanas? ________ niños más

Nombre ______________________________

## Por tu cuenta

Usa la pictografía para responder las preguntas.

**Clave: Cada ✏ representa 1 lápiz.**

**3.** ¿Cuántos lápices tienen Alana y Brad en total? ________ lápices

**4.** ¿Cuántos lápices más que Alana tiene Kiana? ________ lápices más

**5.** PIENSA MÁS La Sra. Green tiene el mismo número de lápices que los cuatro niños. ¿Cuántos lápices tiene?

________ lápices

**6.** PRÁCTICA MATEMÁTICA 4 **Usa gráficas** Christy tiene 7 lápices. Escribe dos enunciados para describir en qué se diferencia su número de lápices de los datos de la pictografía.

______________________________________________

______________________________________________

______________________________________________

______________________________________________

## Resolución de problemas • Aplicaciones En el mundo

ESCRIBE Matemáticas

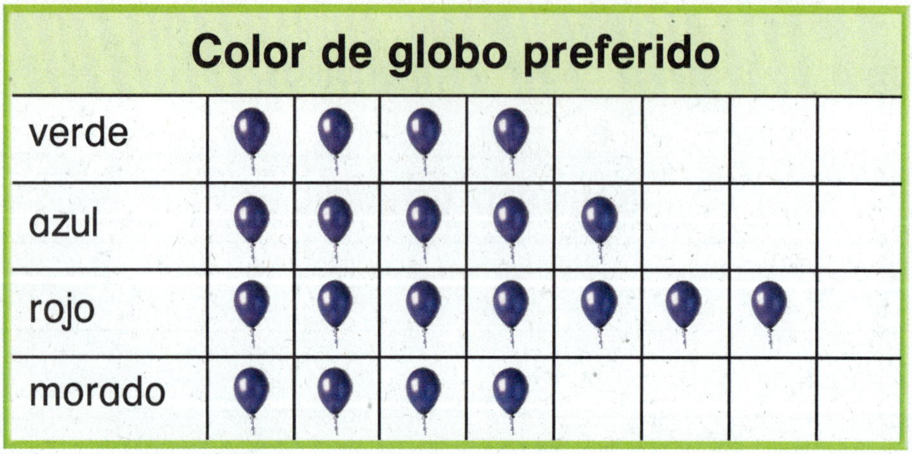


**Clave: Cada representa 1 niño.**

7. MÁS AL DETALLE ¿Qué tres colores eligieron un total de 13 niños? ____________

8. PIENSA MÁS Usa los números en las fichas cuadradas para completar los enunciados acerca de la pictografía.

| 1 | 2 | 3 |
|---|---|---|
| 4 | 5 | 6 |

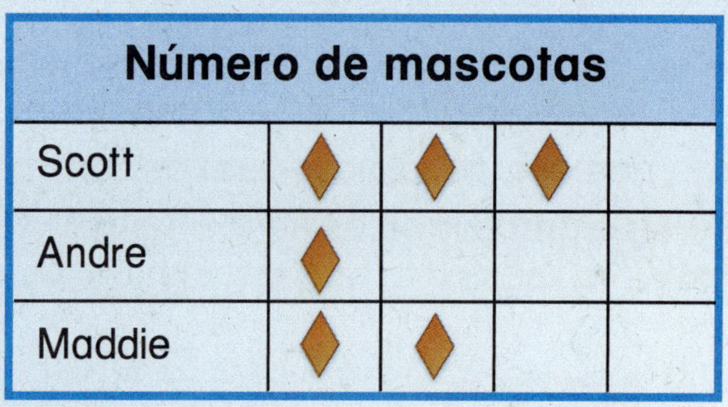


**Clave: Cada representa 1 mascota.**

Scott tiene ____ mascotas.

Andre tiene ____ mascotas menos que Scott.

Maddie y Scott tienen ____ mascotas más que Andre.

**ACTIVIDAD PARA LA CASA** • Pida a su niño que explique cómo resolvió uno de los problemas de esta lección.

Nombre ______________________________

Práctica y tarea
Lección 10.2

# Leer pictografías

Usa la pictografía para responder las preguntas.

Estándares comunes
**ESTÁNDARES COMUNES—2.MD.D.10**
*Representan e interpretan datos.*

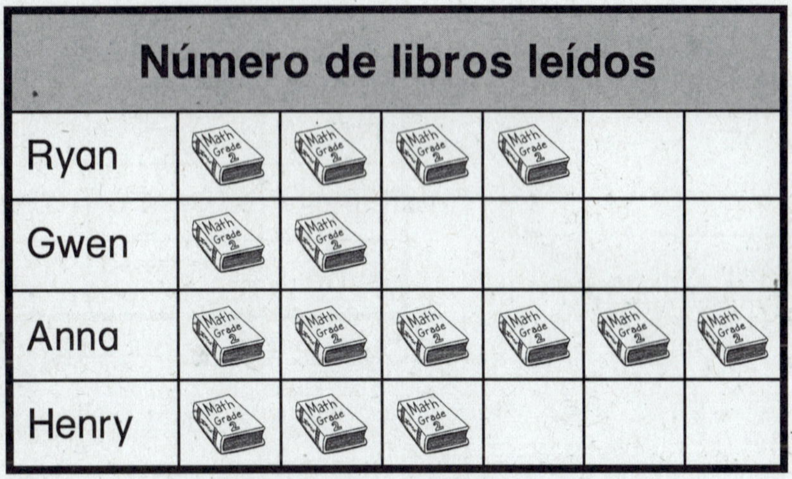


**Clave: Cada  representa 1 libro.**

1. ¿Cuántos libros leyeron Henry y Anna en total? _____ libros

2. ¿Cuántos libros más que Gwen leyó Ryan? _____ libros más

3. ¿Cuántos libros menos que Anna leyó Gwen? _____ libros menos

## Resolución de problemas En el mundo

Usa la pictografía de arriba. Escribe o dibuja para explicar.

4. Carlos leyó 4 libros. ¿Cuántos niños leyeron menos libros que Carlos?

_____ niños

5. ESCRIBE **Matemáticas** Escribe unas cuantas oraciones para describir las distintas partes de una pictografía.

## Repaso de la lección (2.MD.D.10)

I. Usa la pictografía. ¿Quién tiene la mayor cantidad de peces?

_____________

| Nuestros peces | |
|---|---|
| Jane | 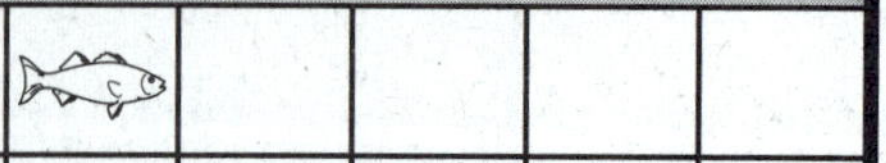 |
| Will |  |
| Gina |  |
| Evan |  |

**Clave: Cada  representa I pez**

---

## Repaso en espiral (2.MD.A.1, 2.MD.C.7, 2.MD.C.8)

**2.** ¿Qué hora es en este reloj?

____ : ____

**3.** Cada cubo de una unidad mide aproximadamente I centímetro de largo. ¿Cuál es la mejor estimación de la longitud del clip?

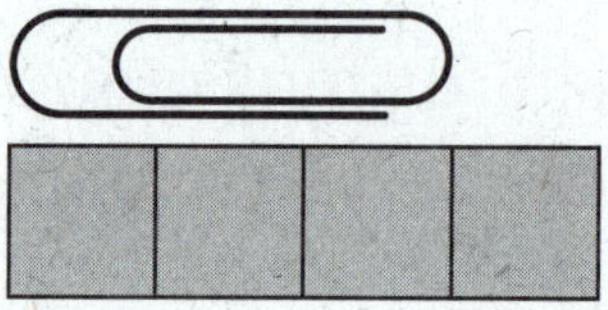

____ centímetros

---

**4.** ¿Cuál es el valor total de este grupo de monedas?

____ ¢ o ____ centavos

Nombre ______________________

# Hacer pictografías

**Pregunta esencial** ¿Cómo haces una pictografía para mostrar datos en una tabla de conteo?

Estándares comunes **Medición y datos—2.MD.D.10**

**PRÁCTICAS MATEMÁTICAS**
**MP1, MP4, MP6**

## Escucha y dibuja

Manos a la obra

Túrnense para sacar un cubo de la bolsa.
Dibuja una cara sonriente en la gráfica por cada cubo.

| Color de los cubos | | | | | |
|---|---|---|---|---|---|
| azul | | | | | |
| rojo | | | | | |
| verde | | | | | |
| anaranjado | | | | | |

**Clave: Cada ☺ representa 1 cubo.**

Charla matemática

**PRÁCTICAS MATEMÁTICAS 6**

**Explica** cómo sabes que el número de caras sonrientes del azul coincide con el número de cubos azules.

**NOTA A LA FAMILIA** • Su niño hizo una gráfica anotando caras sonrientes por los colores de los cubos que se sacaron de una bolsa. Esta actividad prepara a los niños para trabajar con las pictografías de esta lección.

## Representa y dibuja

Cada dibujo de la gráfica representa 1 flor.
Haz dibujos para mostrar los datos en la tabla de conteo.

| Número de flores recogidas | |
|---|---|
| **Nombre** | **Conteo** |
| Jessie | III |
| Inez | 卌 |
| Paulo | IIII |

| Número de flores recogidas | | | | | |
|---|---|---|---|---|---|
| **Jessie** | ⬭ | ⬭ | ⬭ | | |
| **Inez** | | | | | |
| **Paulo** | | | | | |

**Clave: Cada ⬭ representa 1 flor.**

## Comparte y muestra

MATH BOARD

1. Usa la tabla de conteo para completar la pictografía. Dibuja una ☺ por cada niño.

| Sándwich preferido | |
|---|---|
| **Sándwich** | **Conteo** |
| queso | 卌 |
| jamón | II |
| atún | IIII |
| pavo | III |

| Sándwich preferido | | | | | |
|---|---|---|---|---|---|
| **queso** | | | | | |
| **jamón** | | | | | |
| **atún** | | | | | |
| **pavo** | | | | | |

**Clave: Cada ☺ representa 1 niño.**

2. ¿Cuántos niños eligieron atún? _______ niños

3. ¿Cuántos niños más eligieron queso que jamón? _______ niños más

Nombre ______________________________

## Por tu cuenta

**4.** Usa la tabla de conteo para completar la pictografía. Dibuja una ☺ por cada niño.

| Fruta preferida | |
|---|---|
| **Fruta** | **Conteo** |
| manzana | IIII |
| ciruela | II |
| plátano | ~~IIII~~ |
| naranja | III |

| Fruta preferida | | | | | |
|---|---|---|---|---|---|
| **manzana** | | | | | |
| **ciruela** | | | | | |
| **plátano** | | | | | |
| **naranja** | | | | | |

**Clave: Cada ☺ representa 1 niño.**

**5.** ¿Cuántos niños eligieron plátano? ________ niños

**6.** ¿Cuántos niños menos eligieron ciruela que plátano? ________ niños menos

**7.** PIENSA MÁS ¿Cuántos niños eligieron una fruta que no era la ciruela?

________ niños

**8.** MÁS AL DETALLE ¿Qué tres frutas eligieron un total de 10 niños?

______________________________________________

**ACTIVIDAD PARA LA CASA** • Pida a su niño que explique cómo leer la pictografía de esta página.

Nombre ______________________________

# Revisión de la mitad del capítulo

## Conceptos y destrezas

Entrenador personal en matemáticas
Evaluación e intervención en línea

Usa la pictografía para responder las preguntas. (1.MD.D.10)

| Estación preferida | | | | | | | | | |
|---|---|---|---|---|---|---|---|---|---|
| **primavera** | ☺ | ☺ | ☺ | ☺ | ☺ | ☺ | | | |
| **verano** | ☺ | ☺ | ☺ | ☺ | ☺ | ☺ | ☺ | ☺ | |
| **otoño** | ☺ | ☺ | ☺ | ☺ | | | | | |
| **invierno** | ☺ | ☺ | ☺ | ☺ | ☺ | ☺ | ☺ | | |

**Clave: Cada ☺ representa 1 niño.**

1. ¿Qué estación eligieron menos niños?

   ______________________

2. ¿Cuántos niños más eligieron primavera que otoño?

   ________ niños más

3. ¿Cuántos niños eligieron una estación que no era invierno?

   ________ niños

4. PIENSA MÁS ¿Cuántos niños eligieron una estación favorita?

   ________ niños

   Dibuja marcas de conteo para mostrar este número.

   ______________________________________________

Nombre ______________________________



# Hacer pictografías

ESTÁNDARES COMUNES—2.MD.D.10
*Representan e interpretan datos.*

**1.** Usa la tabla de conteo para completar la pictografía. Dibuja una ☺ por cada niño.

| Galleta preferida | |
|---|---|
| **Galleta** | **Conteo** |
| chocolate | III |
| avena | I |
| mantequilla de cacahuate | ~~IIII~~ |
| escocesa | IIII |

| Galleta preferida | | | | | |
|---|---|---|---|---|---|
| **chocolate** | | | | | |
| **avena** | | | | | |
| **mantequilla de cacahuate** | | | | | |
| **escocesa** | | | | | |

**Clave: Cada ☺ representa 1 niño.**

**2.** ¿Cuántos niños eligieron chocolate? ________ niños

**3.** ¿Cuántos niños menos eligieron avena que mantequilla de cacahuate? ________ niños menos

**4.** ¿Qué galleta eligieron más niños?

________________

**5.** ¿Cuántos niños en total eligieron una galleta preferida? ________ niños

**6.** Observa la pictografía de arriba. Escribe sobre la información que se muestra en esta gráfica.

______________________________

______________________________

## Repaso de la lección (2.MD.D.10)

1. Usa la pictografía. ¿Cuántos días lluviosos más que en mayo hubo en abril?

| Número de días lluviosos | | | | | |
|---|---|---|---|---|---|
| marzo | ☂ | ☂ | ☂ | ☂ | ☂ |
| abril | ☂ | ☂ | ☂ | ☂ | |
| mayo | ☂ | ☂ | | | |

**Clave: Cada ☂ representa 1 día.**

_____ días

## Repaso en espiral (2.MD.A.1, 2.MD.C.8)

2. Rita tiene un billete de $1, 2 monedas de 25¢ y 3 monedas de 10¢. ¿Cuál es el valor total del dinero de Rita?

$ _______ .

3. Lucas puso 4 monedas de 25¢ y 3 monedas de 5¢ en su alcancía. ¿Cuánto dinero puso Lucas en su alcancía?

$ _______

4. Usa una regla en centímetros. ¿Cuál es la longitud de esta cuerda al centímetro más cercano?

_____ centímetros

5. ¿Cuál es el valor total de este grupo de monedas?

_____ ¢ o _____ centavos

Nombre ____________________________________

# Leer gráficas de barras

**Pregunta esencial** ¿Cómo se usa una gráfica de barras para mostrar datos?

Estándares comunes **Medición y datos—2.MD.D.10**

**PRÁCTICAS MATEMÁTICAS**
**MP1, MP2, MP6**

## Escucha y dibuja (En el mundo)

Usa la pictografía para resolver el problema.
Escribe o haz un dibujo para mostrar lo que hiciste.

| Camiones rojos vistos la semana pasada | | | | | | | | |
|---|---|---|---|---|---|---|---|---|
| Morgan | ■ | ■ | ■ | | | | | |
| Terrell | ■ | ■ | ■ | ■ | ■ | ■ | | |
| Jazmín | ■ | ■ | ■ | ■ | ■ | ■ | ■ | ■ |
| Carlos | ■ | ■ | ■ | ■ | | | | |

**Clave: Cada ■ representa 1 camión rojo.**

________ camiones rojos

**PARA EL MAESTRO •** Lea este problema a los niños. Morgan hizo una pictografía para mostrar el número de camiones rojos que ella y sus amigos vieron la semana pasada. ¿Cuántos camiones rojos vieron los cuatro niños la semana pasada?

Charla matemática — PRÁCTICAS MATEMÁTICAS 1

**Describe relaciones**
Describe en qué se diferencian los datos de Terrell y Jazmín en la gráfica.

## Representa y dibuja

Una **gráfica de barras** muestra datos con barras.
Observa dónde terminan las barras.
Esto indica la cantidad.

Hay 8 niños jugando fútbol.

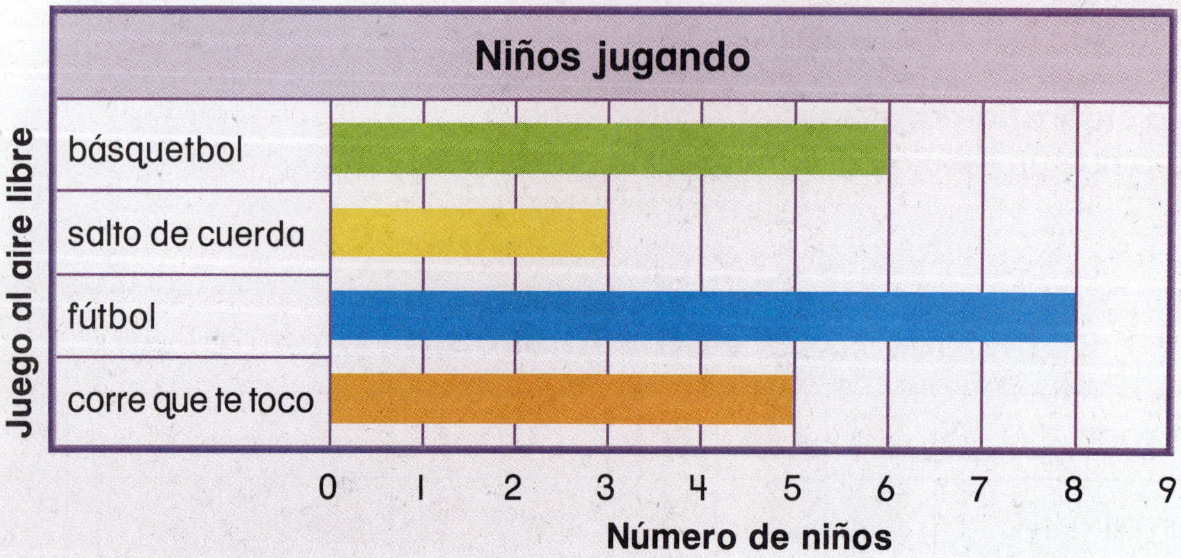


## Comparte y muestra

MATH BOARD

Usa la gráfica de barras.

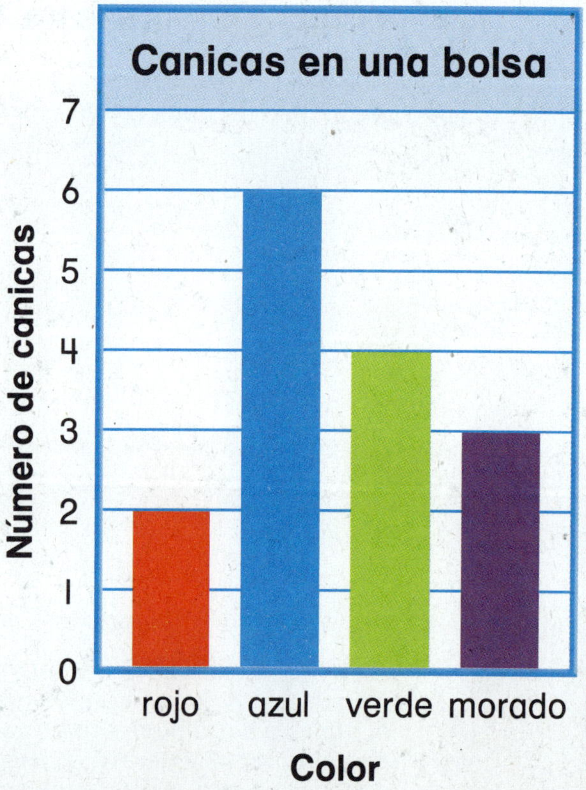


1. ¿Cuántas canicas verdes hay en la bolsa?

   _______ canicas verdes

2. ¿Cuántas canicas azules más que canicas moradas hay en la bolsa?

   _______ canicas azules más

3. ¿Cuántas canicas hay en la bolsa?

   _______ canicas

Nombre ____________________

## Por tu cuenta

Usa la gráfica de barras.

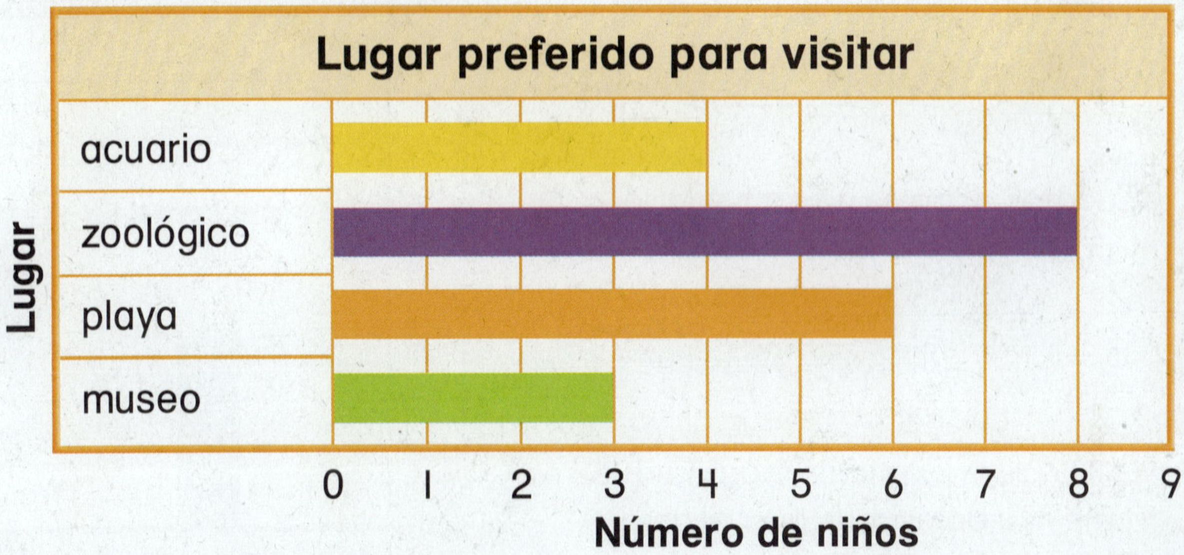


**4.** ¿Cuántos niños eligieron la playa?

_______ niños

**5.** ¿Qué lugar eligieron menos niños?

____________________

**6.** ¿Cuántos niños más eligieron el zoológico que el acuario?

_______ niños más

**7.** MÁS AL DETALLE ¿Cuántos niños eligieron un lugar que no fuera el zoológico?

_______ niños

**8.** PIENSA MÁS Greg eligió un lugar que tenía más votos que el acuario y el museo juntos. ¿Qué lugar eligió Greg?

____________________

## Resolución de problemas • Aplicaciones En el mundo

ESCRIBE Matemáticas

Usa la gráfica de barras.

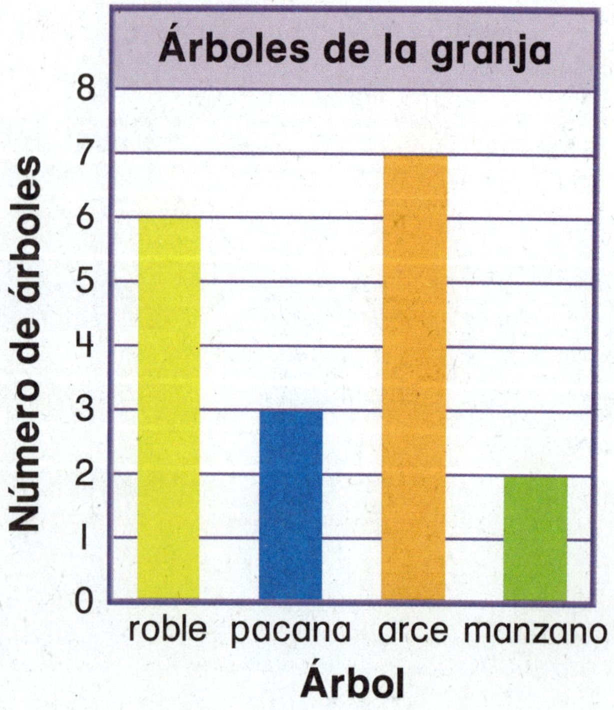


9. ¿Cuántos árboles hay en la granja?

_______ árboles

10. ¿Cuántos árboles no son manzanos?

_______ árboles

11. PRÁCTICA MATEMÁTICA 6 **Explica** Imagina que traen 7 árboles más a la granja. ¿Cuántos árboles habría en la granja entonces? Explica.

_______________________________________________

_______________________________________________

_______________________________________________

_______________________________________________

12. PIENSA MÁS Usa los datos de la gráfica de barras sobre los árboles para completar los enunciados.

Hay _____ manzanos menos que arces. Explica.

_______________________________________________

**ACTIVIDAD PARA LA CASA** • Pida a su niño que explique cómo leer una gráfica de barras.

Nombre ______________________________



# Leer gráficas de barras

Estándares comunes **ESTÁNDARES COMUNES—2.MD.D.10**
*Representan e interpretan datos.*

Usa la gráfica de barras.

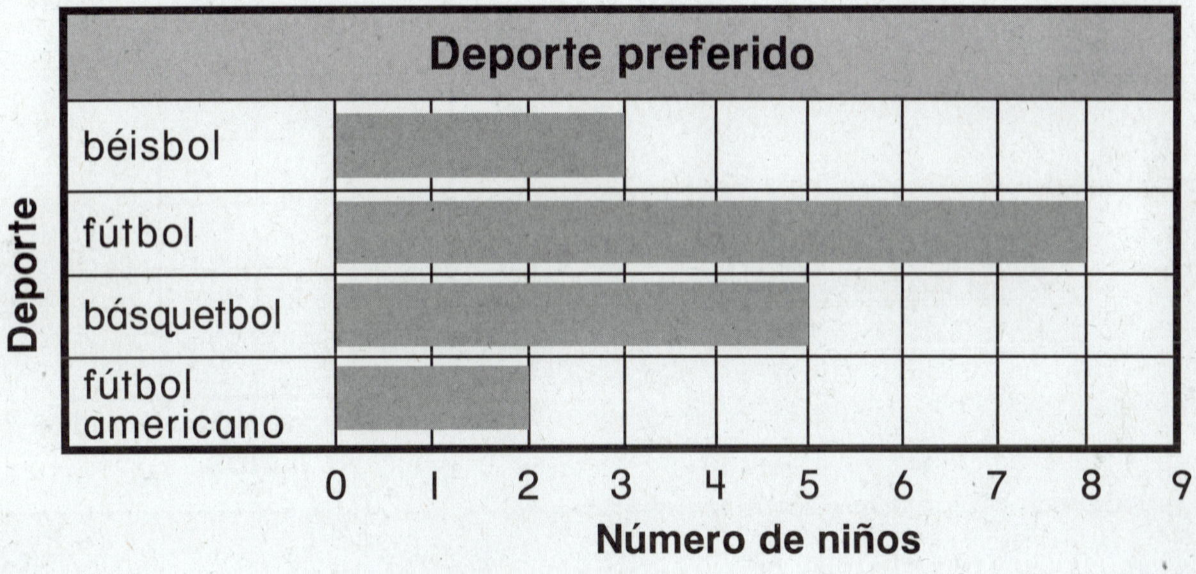


**1.** ¿Cuántos niños eligieron básquetbol? _____ niños

**2.** ¿Qué deporte eligieron más niños? __________

**3.** ¿Cuántos niños más eligieron básquetbol que béisbol? _____ niños más

**4.** ¿Qué deporte eligieron menos niños? __________

## Resolución de problemas En el mundo

**5.** ¿Cuántos niños eligieron béisbol o básquetbol?

_____ niños

**6.** ESCRIBE **Matemáticas** Observa la gráfica de barras de arriba. Escribe sobre la información que se muestra en la gráfica.

______________________________

______________________________

______________________________

## Repaso de la lección (2.MD.D.10)

**1.** Usa la gráfica de barras. ¿Cuántos caracoles tienen los niños en total?

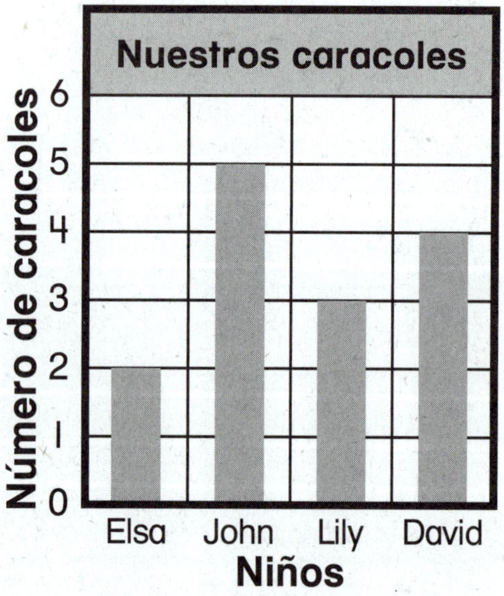


____ caracoles

## Repaso en espiral (2.MD.A.1, 2.MD.C.8, 2.MD.D.9)

**2.** Usa el diagrama de puntos. ¿Cuántas ramitas miden 3 pulgadas de largo?

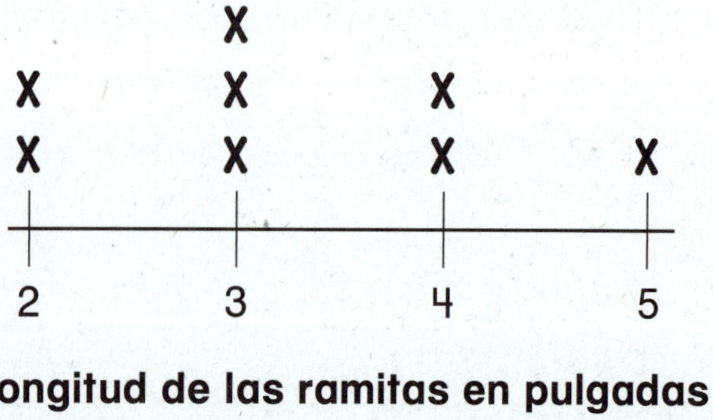


____ ramitas

**3.** Usa una regla en centímetros. ¿Cuál es la longitud del estambre al centímetro más cercano?

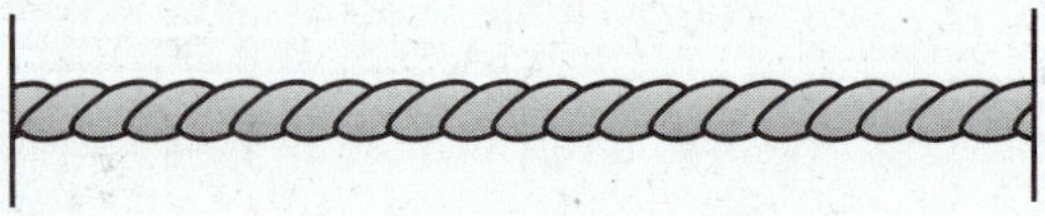

____ centímetros

**4.** Noah compra un lápiz. Paga con 1 moneda de 25¢ y 2 monedas de 5¢. ¿Cuánto cuesta el lápiz?

____ ¢ o ____ centavos



PRACTICA MÁS CON EL Entrenador personal en matemáticas

Nombre ______________________________

# Hacer gráficas de barras

**Pregunta esencial** ¿Cómo haces una gráfica de barras para mostrar datos?

Estándares comunes **Medición y datos—2.MD.D.10**

**PRÁCTICAS MATEMÁTICAS**
**MP3, MP4, MP6**

## Escucha y dibuja — En el mundo

Usa la gráfica de barras para resolver el problema.
Escribe o haz un dibujo para mostrar lo que hiciste.

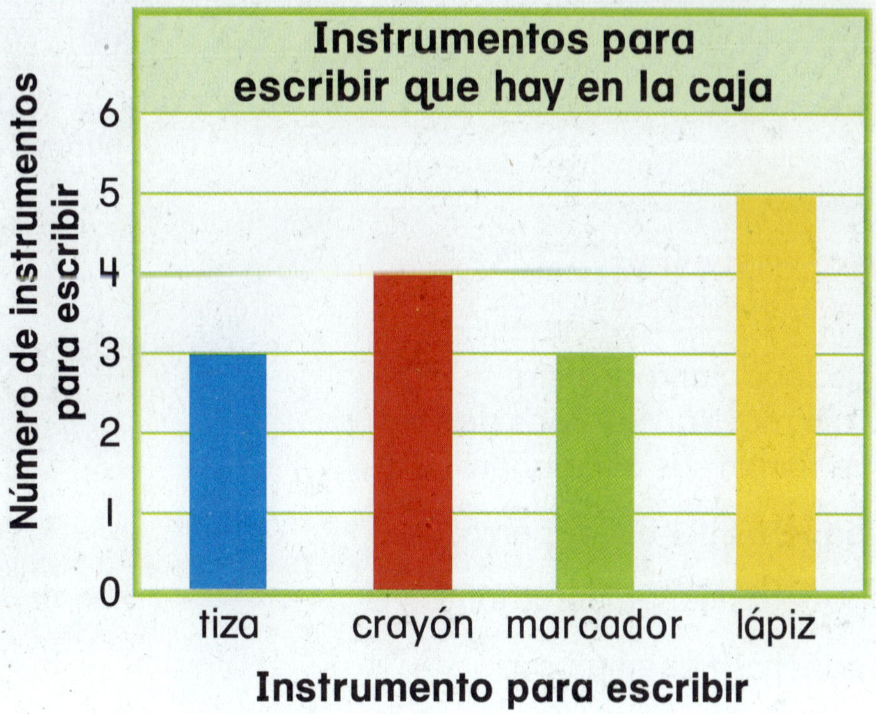


_______ instrumentos para escribir

**Charla matemática** PRÁCTICAS MATEMÁTICAS 3

**Compara representaciones**
Describe en qué se diferencia la información en la gráfica para el crayón y el marcador.

**PARA EL MAESTRO** • Lea el siguiente problema. Barry hizo esta gráfica de barras. ¿Cuántos instrumentos para escribir hay en total en la caja?

## Representa y dibuja

Abel leyó 2 libros, Jiang leyó 4 libros, Cara leyó 1 libro y Jamila leyó 3 libros.

Completa la gráfica de barras para mostrar estos datos.

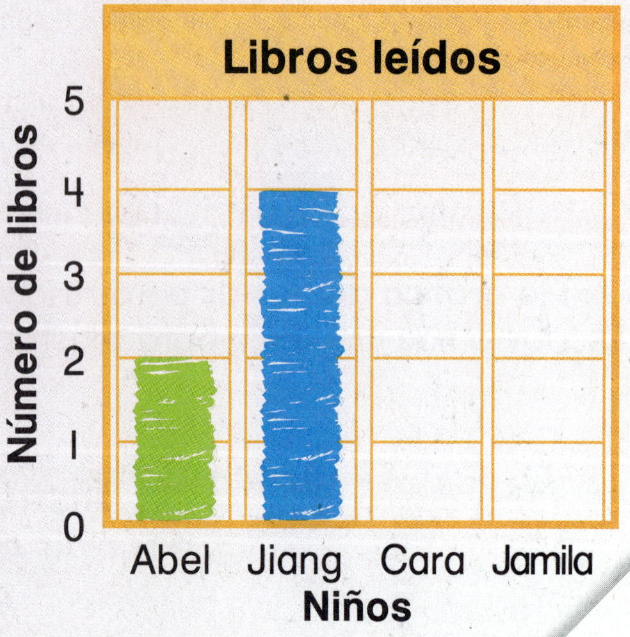


## Comparte y muestra

MATH BOARD

Alicia está haciendo una gráfica de barras para mostrar los tipos de mascotas que tienen sus compañeros.

- 5 compañeros tienen un perro.
- 7 compañeros tienen un gato.
- 2 compañeros tienen un ave.
- 3 compañeros tienen un pez.

1. Escribe rótulos y dibuja barras para completar la gráfica.

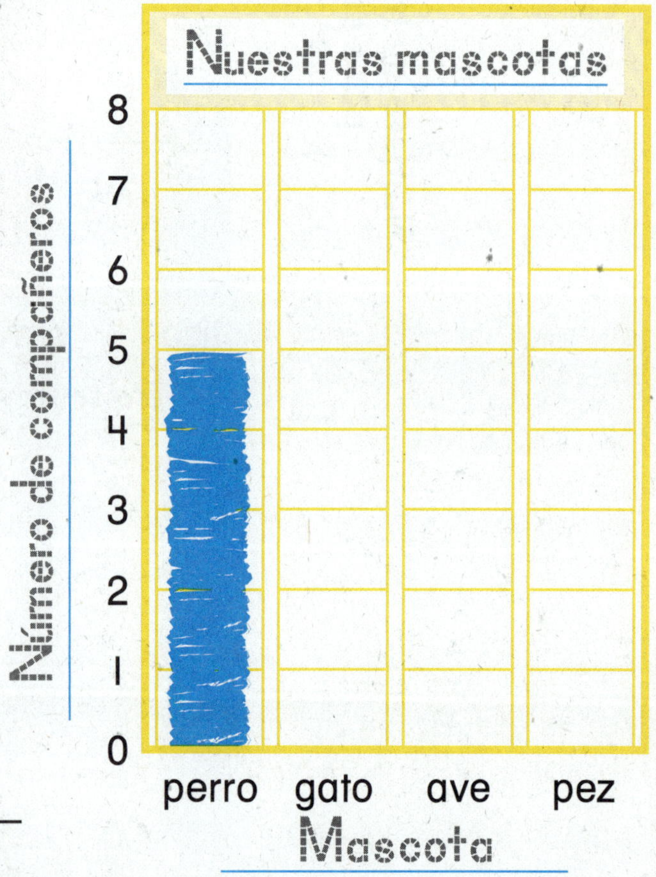


2. ¿Cómo cambiará la gráfica si un niño más tiene un ave?

_______________

_______________

_______________

Nombre ______________________________

## Por tu cuenta

Dexter preguntó a sus compañeros qué cobertura de pizza era su preferida.

- 4 compañeros eligieron pimientos.
- 7 compañeros eligieron carne.
- 5 compañeros eligieron champiñones.
- 2 compañeros eligieron aceitunas.

**3.** Escribe un título y rótulos para la gráfica de barras.

**4.** Dibuja barras en la gráfica para mostrar los datos.

| ______________________ | | | | | | | | | | |
|---|---|---|---|---|---|---|---|---|---|---|
| pimientos | | | | | | | | | | |
| carne | | | | | | | | | | |
| champiñones | | | | | | | | | | |
| aceitunas | | | | | | | | | | |
| | 0 1 | 2 | 3 | 4 | 5 | 6 | 7 | 8 | 9 | 10 |

______________________

**5.** ¿Qué cobertura eligieron más compañeros? ______________

**6.** PIENSA MÁS ¿Más compañeros eligieron pimientos y aceitunas que carne? Explica.

______________________________________

______________________________________

______________________________________

## Resolución de problemas • Aplicaciones En el mundo

ESCRIBE Matemáticas

Cody preguntó a sus compañeros qué animal del zoológico era su preferido.

- 6 compañeros eligieron el oso.
- 4 compañeros eligieron el león.
- 7 compañeros eligieron el tigre.
- 3 compañeros eligieron la cebra.

**7.** Usa los datos para completar la gráfica de barras. Escribe un título y rótulos. Dibuja las barras.

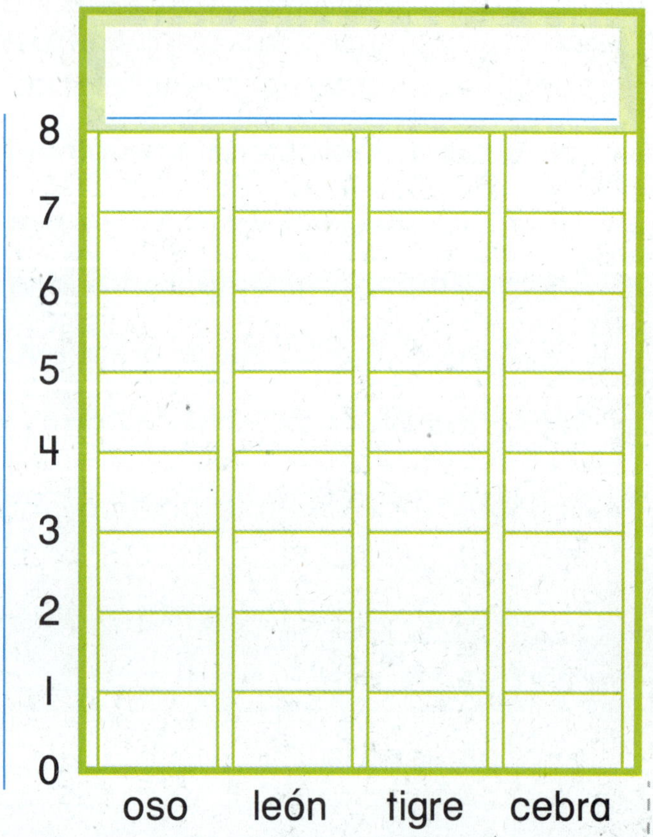


**8.** MÁS AL DETALLE ¿Cuántos compañeros menos eligieron el león que los otros animales del zoológico?

_______ compañeros menos

Entrenador personal en matemáticas

**9.** PIENSA MÁS + Observa la gráfica de barras de arriba. Imagina que 2 compañeros de Cody eligen la cebra en lugar del oso. Explica en qué cambiaría la gráfica de barras.

_______________________________________________

_______________________________________________

_______________________________________________

**ACTIVIDAD PARA LA CASA** • Pida a su niño que describa cómo hacer una gráfica de barras para mostrar datos.

Nombre ______________________________

# Hacer gráficas de barras

Estándares comunes — **ESTÁNDARES COMUNES—2.MD.D.10**
*Representan e interpretan datos.*

María preguntó a sus amigos cuántas horas por semana practicaban fútbol.

- Jessie practica 3 horas.
- Víctor practica 2 horas.
- Samantha practica 5 horas.
- David practica 6 horas.

**1.** Escribe un título y rótulos para la gráfica de barras.

**2.** Dibuja barras en la gráfica para mostrar los datos.

______________________________

| | | | | | | | | | | |
|---|---|---|---|---|---|---|---|---|---|---|
| Jessie | | | | | | | | | | |
| Víctor | | | | | | | | | | |
| Samantha | | | | | | | | | | |
| David | | | | | | | | | | |

0 1 2 3 4 5 6 7 8 9 10

______________________________

**3.** ¿Qué amigo practica fútbol la mayor cantidad de horas por semana? ______________

## Resolución de problemas — En el mundo

**4.** ¿Qué amigos practican fútbol menos de 4 horas por semana? ______________

**5.** ESCRIBE **Matemáticas** Observa la gráfica de barras de arriba. Describe cómo sombreaste las barras para mostrar los datos.

______________________________

## Repaso de la lección (2.MD.D.10)

**1.** Usa la gráfica de barras. ¿Cuántos niños más eligieron verano que primavera?

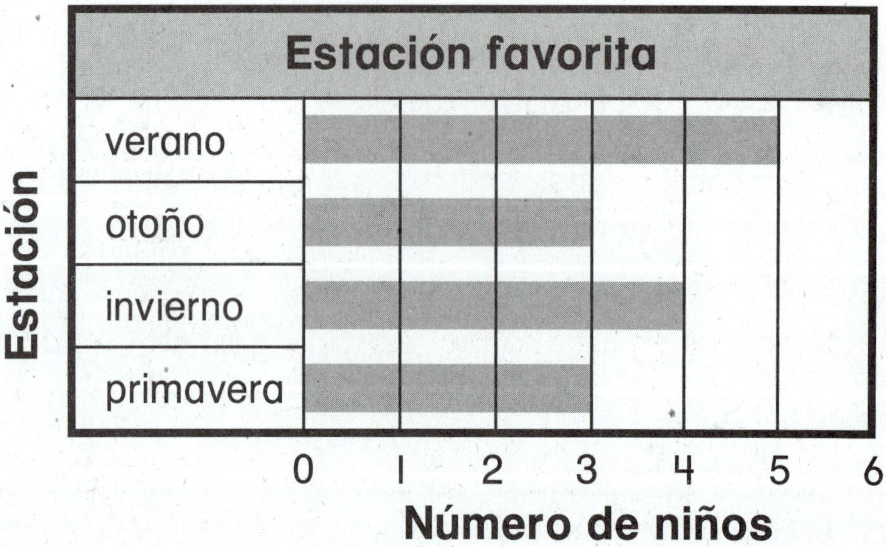


____ niños

## Repaso en espiral (2.MD.A.1, 2.MD.B.5, 2.MD.C.7, 2.MD.C.8)

**2.** La cadena de Rachel mide 22 centímetros de largo. Le quita 9 centímetros a la cadena. ¿Cuál es la longitud de la cadena de Rachel ahora?

____ centímetros

**3.** Usa una regla en pulgadas. ¿Cuál es la longitud de la cuerda a la pulgada más cercana?

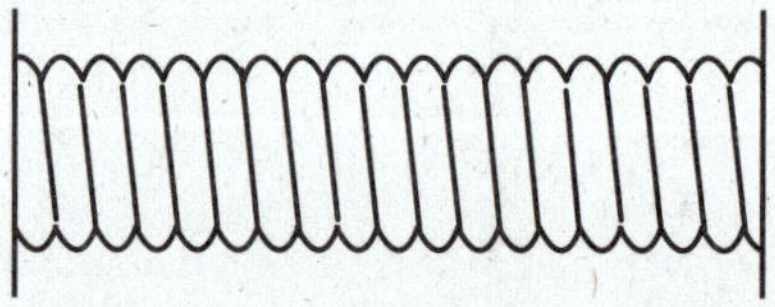

____ pulgadas

**4.** Gail terminó de estudiar a la 1 y cuarto. ¿A qué hora terminó de estudiar Gail?

____ : ____

**5.** Jill tiene dos billetes de $1, 1 moneda de 25¢ y 1 moneda de 5¢. ¿Cuánto dinero tiene Jill?

$ ________

Nombre ____________________________________



# Resolución de problemas • Mostrar datos

**Pregunta esencial** ¿Cómo te ayuda una gráfica de barras cuando resuelves problemas sobre datos?

Estándares comunes **Medición y datos— 2.MD.D.10**
**PRÁCTICAS MATEMÁTICAS**
**MP1, MP3, MP4**

María anotó la lluvia que cayó en su ciudad durante cuatro meses. ¿Cómo cambió la cantidad de lluvia que cayó de septiembre a diciembre?

| | |
|---|---|
| septiembre | 4 pulgadas |
| octubre | 3 pulgadas |
| noviembre | 2 pulgadas |
| diciembre | 1 pulgada |

## Soluciona el problema

**¿Qué debo hallar?**

cómo cambió la cantidad de lluvia que cayó de septiembre a diciembre

**¿Qué información debo usar?**

la cantidad de lluvia que cayó en cada uno de los cuatro meses

**Muestra cómo resolver el problema.**

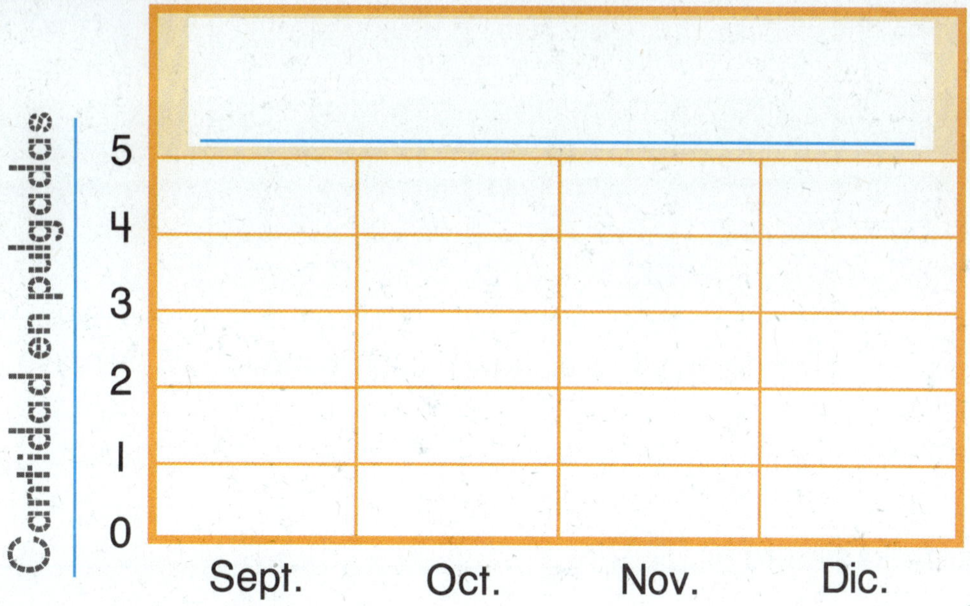


La cantidad de lluvia que cayó ____________________________________

____________________________________________________________

**NOTA A LA FAMILIA** • Su niño hizo una gráfica de barras para mostrar los datos. Hacer una gráfica sirve para que su niño organice los datos para resolver problemas.

## Haz otro problema

Haz una gráfica de barras para resolver el problema.

- ¿Qué debo hallar?
- ¿Qué información debo usar?

1. Matthew midió la altura de su planta una vez a la semana durante cuatro semanas. Describe cómo cambió la altura de la planta desde el 1.° de mayo hasta el 22 de mayo.

| | |
|---|---|
| 1.° de mayo | 2 pulgadas |
| 8 de mayo | 3 pulgadas |
| 15 de mayo | 5 pulgadas |
| 22 de mayo | 7 pulgadas |

La altura de la planta ______________________________

________________________________________

**Charla matemática**

**PRÁCTICAS MATEMÁTICAS 4**

¿Cuántas pulgadas creció la planta desde el 1.° de mayo hasta el 22 de mayo? **Explica**.

Nombre ______________________

## Comparte y muestra MATH BOARD

Haz una gráfica de barras para resolver el problema.

**2.** Bianca escribió el número de horas que practicó guitarra en junio. Describe cómo cambió la cantidad de tiempo de práctica desde la Semana 1 hasta la Semana 4.

| | |
|---|---|
| Semana 1 | 1 hora |
| Semana 2 | 2 horas |
| Semana 3 | 4 horas |
| Semana 4 | 5 horas |

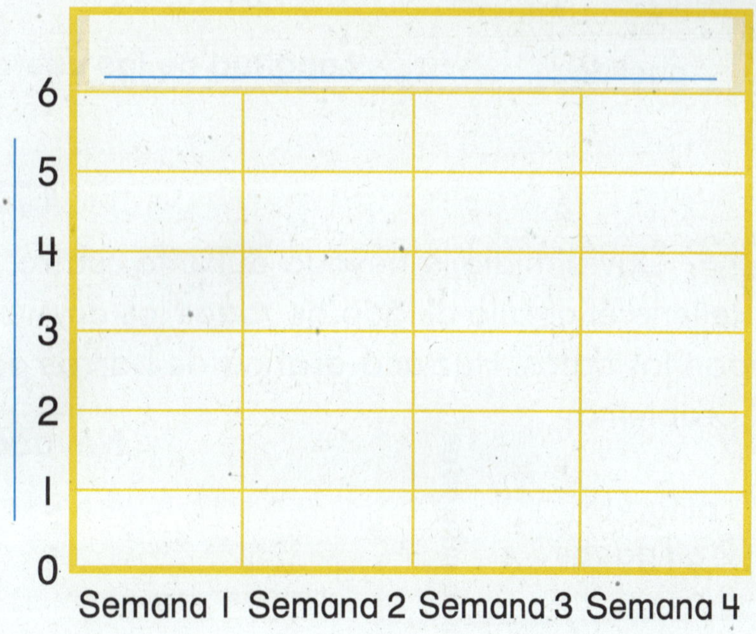


La cantidad de tiempo de práctica ______________________

______________________

**3.** PIENSA MÁS Si el tiempo de práctica de Bianca es de 4 horas en la Semana 5, ¿cómo cambia su tiempo de práctica de la Semana 1 a la Semana 5?

______________________

______________________

______________________

## Resolución de problemas • Aplicaciones

ESCRIBE Matemáticas

4. ¿Cuántas cuerdas miden 9 pulgadas de largo?

_______ cuerdas

5. MÁS AL DETALLE ¿Cuántas cuerdas miden más de 6 pulgadas de largo?

_______ cuerdas

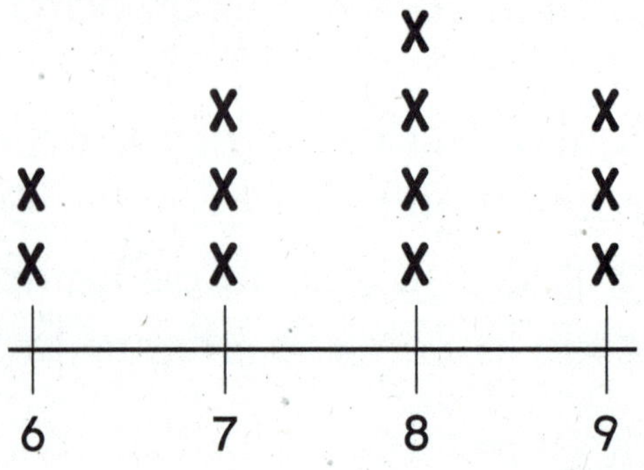


**Longitud de las cuerdas en pulgadas**

Entrenador personal en matemáticas

6. PIENSA MÁS + David midió la nevada durante cuatro semanas. Rellena el círculo al lado de todos los enunciados que describan los datos. Haz una gráfica de barras para resolver el problema.

| | |
|---|---|
| Semana 1 | 1 pulgada |
| Semana 2 | 2 pulgadas |
| Semana 3 | 3 pulgadas |
| Semana 4 | 4 pulgadas |

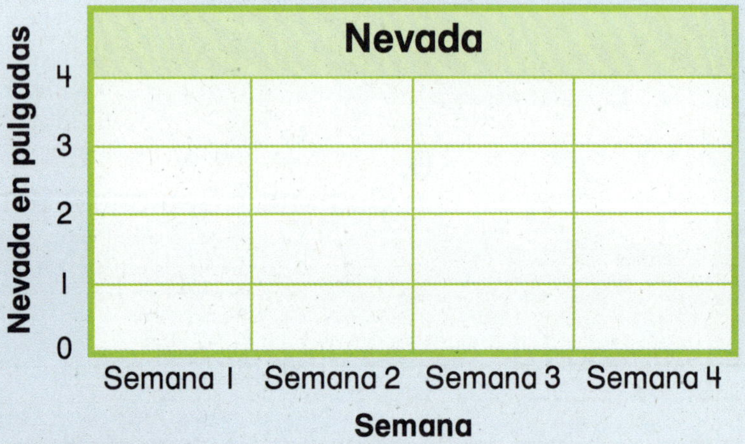


- ○ Había 2 pulgadas de nieve en la Semana 2.
- ○ La nevada aumentó cada semana.
- ○ La nevada disminuyó de la Semana 3 a la Semana 4.
- ○ Hubo un total de 4 pulgadas de nieve en la Semana 2 y la Semana 3.
- ○ Hubo 3 pulgadas más de nieve en la Semana 4 que en la Semana 1.

**ACTIVIDAD PARA LA CASA** • Pida a su niño que explique cómo resolvió uno de los problemas de esta lección.

Nombre ____________________

# Resolución de problemas • Mostrar datos

Estándares comunes **ESTÁNDARES COMUNES—2.MD.D.10**
*Representan e interpretan datos.*

**Haz una gráfica de barras para resolver el problema.**

| | |
|---|---|
| febrero | 8 libros |
| marzo | 7 libros |
| abril | 6 libros |
| mayo | 4 libros |

I. La lista muestra el número de libros que Abby leyó por mes. Describe cómo cambió de febrero a mayo el número de libros que leyó.

____________________

| | | | | | | | | | | |
|---|---|---|---|---|---|---|---|---|---|---|
| febrero | | | | | | | | | | |
| marzo | | | | | | | | | | |
| abril | | | | | | | | | | |
| mayo | | | | | | | | | | |

0 1 2 3 4 5 6 7 8 9 10

____________________

El número de libros ____________________

____________________

____________________

2. ¿Cuántos libros leyó Abby entre febrero y marzo en total? ____ libros

3. ¿Qué meses leyó Abby menos de 7 libros? ____________________

____________________

4. ESCRIBE Matemáticas Explica cómo decidiste dónde debía acabar la barra para marzo. ____________________

## Repaso de la lección (2.MD.D.10)

**1.** Usa la gráfica de barras. Describe cómo cambió el número de horas de la Semana 1 a la Semana 4.

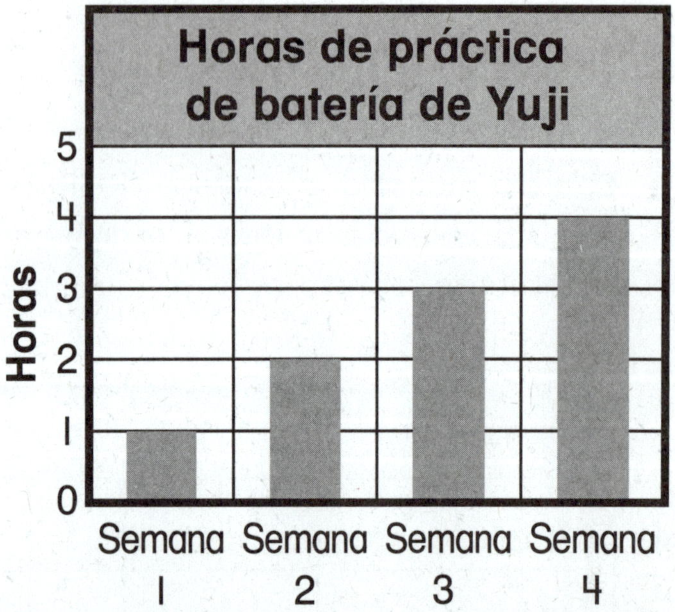


El número de horas de práctica

______________________________

______________________________

______________________________

______________________________

## Repaso en espiral (2.MD.A.3, 2.MD.C.8)

**2.** La cuerda mide aproximadamente 10 centímetros de largo. Encierra en un círculo la mejor estimación de la longitud de la pluma.

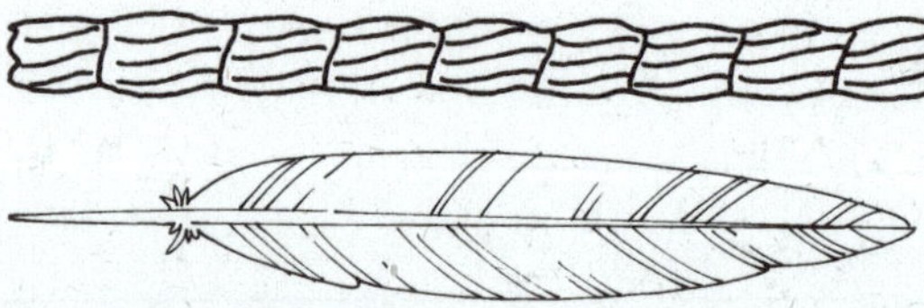

2 centímetros    3 centímetros    7 centímetros

**3.** ¿Cuál es el valor total de este grupo de monedas?

_______ ¢ o _____ centavos

**4.** Rick tiene un billete de $1, 2 monedas de 10¢ y 3 monedas de 1¢. ¿Cuánto dinero tiene Rick?

$ _______

PRACTICA MÁS CON EL Entrenador personal en matemáticas

Nombre ______________________________

# Repaso y prueba del Capítulo 10

Entrenador personal en matemáticas
Evaluación e intervención en línea

**1.** Hara preguntó a sus amigos cuál es su sabor de yogur favorito. Usa los datos para hacer una tabla de conteo.

lima - 2 personas
durazno - 3 personas
baya - 5 personas
vainilla - 7 personas

| Sabor de yogur favorito | |
|---|---|
| **Yogur** | **Conteo** |
| durazno | |
| baya | |
| lima | |
| vainilla | |

**2.** ¿Describe el enunciado los datos de la tabla de conteo de arriba? Elige Sí o No.

7 amigos prefieren la baya y el durazno. ○ Sí ○ No

Más amigos prefieren el durazno en lugar de la lima. ○ Sí ○ No

Más amigos prefieren la vainilla que cualquier otro sabor. ○ Sí ○ No

**3.** Hara preguntó a 5 amigos más. 3 amigos eligieron la baya y 2 amigos prefieren la lima. ¿Qué sabor eligieron más amigos ahora? Explica.

______________________________

______________________________

______________________________



APRENDE EN LÍNEA
Opciones de evaluación
Prueba del capítulo

**4.** Teresa contó las hojas de su planta una vez al mes durante cuatro meses. Describe cómo cambió el número de hojas de su planta del 1.° de mayo al 1.° de agosto. Haz una gráfica de barras para resolver el problema.

| | |
|---|---|
| 1.° de mayo | 2 hojas |
| 1.° de junio | 4 hojas |
| 1.° de julio | 6 hojas |
| 1.° de agosto | 8 hojas |

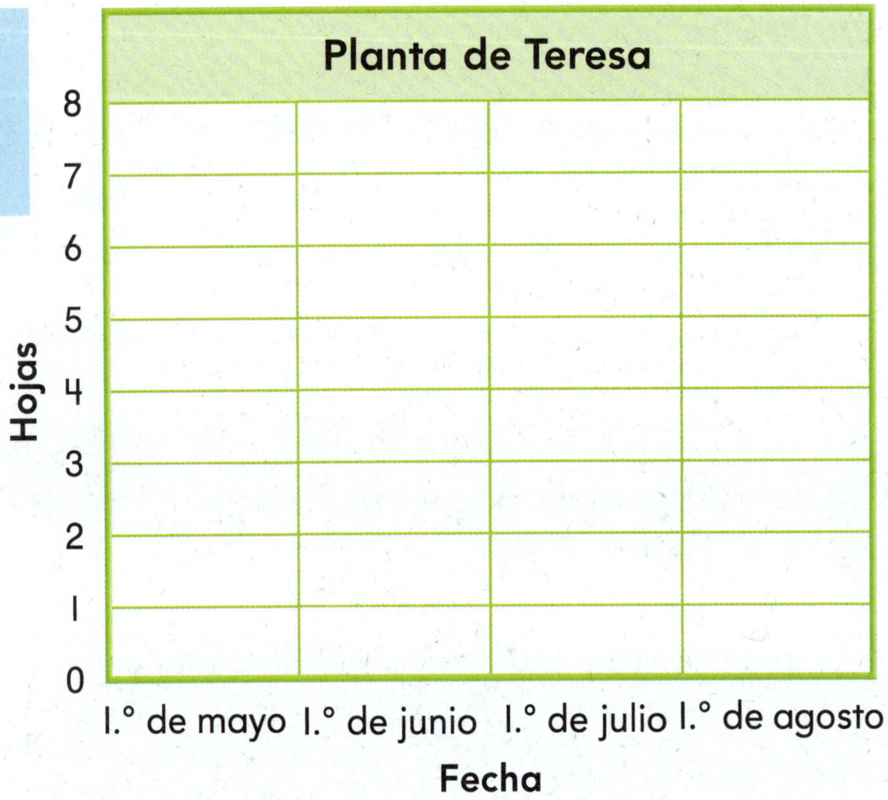


El número de hojas de la planta ______________________

______________________

**5.** Si Teresa cuenta 9 hojas el 1.° de septiembre, ¿cómo cambia el número de hojas del 1.° de mayo al 1.° de septiembre?

______________________

______________________

Nombre ______________________________

**6.** Usa la tabla de conteo para completar la pictografía.
Dibuja una ☺ para cada niño.

| Juego de recreo favorito | |
|---|---|
| corre que te toco | \| |
| rayuela | 卌 |
| bola pateada | \|\|\| |
| *jacks* | \|\| |

| Juego de recreo favorito | | | | | |
|---|---|---|---|---|---|
| corre que te toco | | | | | |
| rayuela | | | | | |
| bola pateada | | | | | |
| *jacks* | | | | | |

**Clave: Cada ☺ representa 1 niño.**

**7.** ¿Cuántos niños eligieron la rayuela?

_______ niños

**8.** ¿Cuántos niños menos eligieron el corre que te toco que la bola pateada?

_______ niños menos

**9.** MÁS AL DETALLE ¿Qué dos juegos eligieron un total de 4 niños?

______________________________

**10.** El Sr. Sánchez pidió a los niños de su clase que nombraran su tipo de libro favorito. Usa los datos para completar la gráfica de barras.

8 niños eligieron ficción
4 niños eligieron ciencias
6 niños eligieron historia
9 niños eligieron poesía

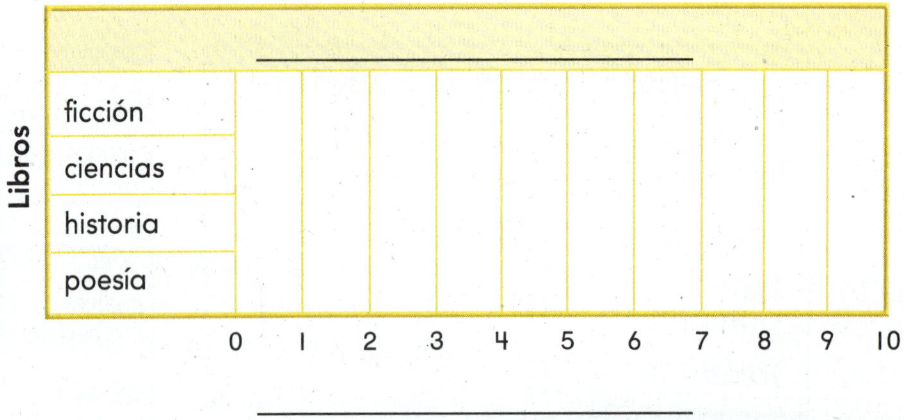


Entrenador personal en matemáticas

**11.** PIENSA MÁS Rellena el círculo al lado de todos los enunciados que describan los datos de la gráfica de barras de arriba.

- ○ 8 niños eligieron ficción.
- ○ Menos niños eligieron ficción que historia.
- ○ 3 niños más eligieron historia que ciencias.
- ○ Más niños eligieron poesía que cualquier otro tipo de libro.

**12.** ¿Eligieron más niños ciencias e historia que poesía? Explica.

______________________________

______________________________

**13.** ¿Cuántos niños eligieron un libro que no es de ficción?

_______ niños